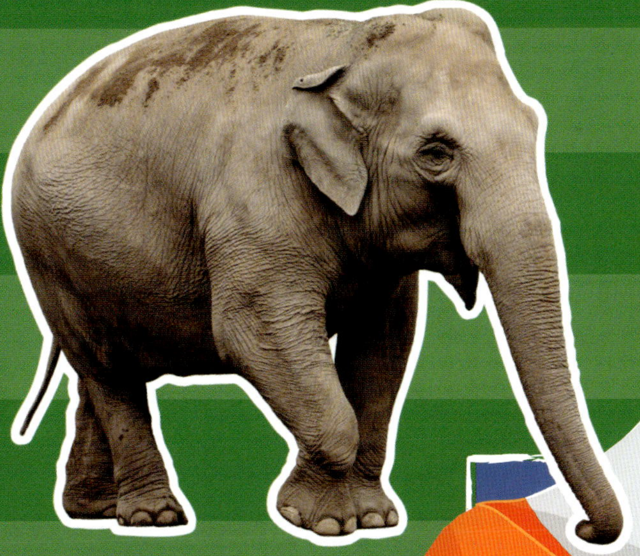

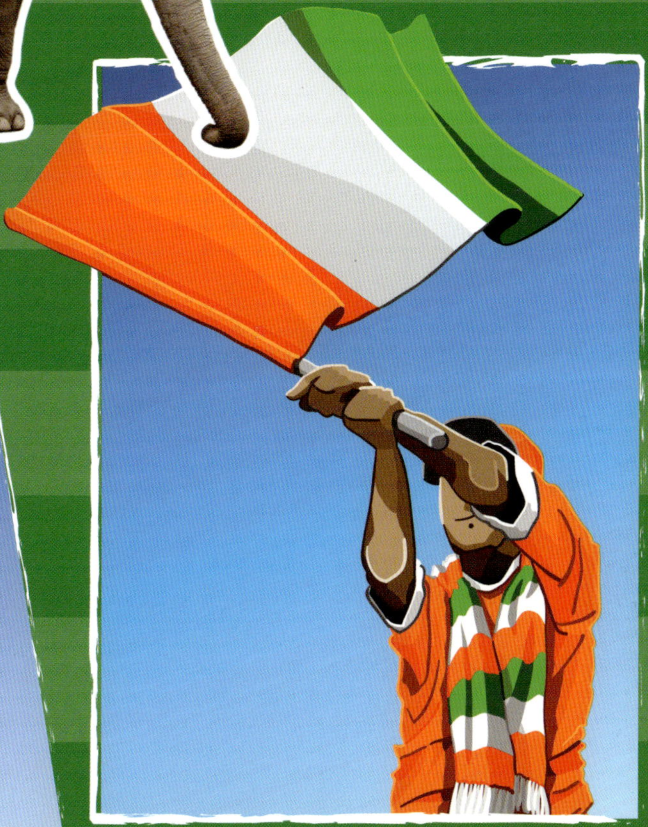

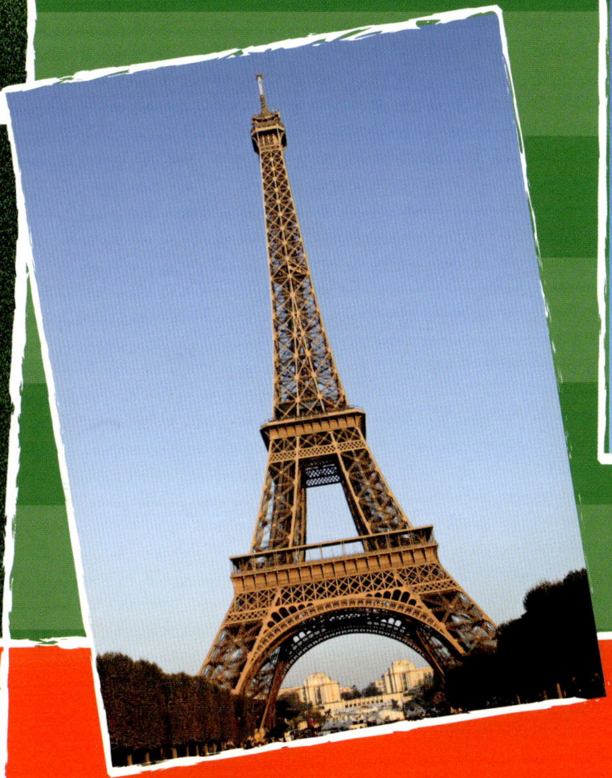

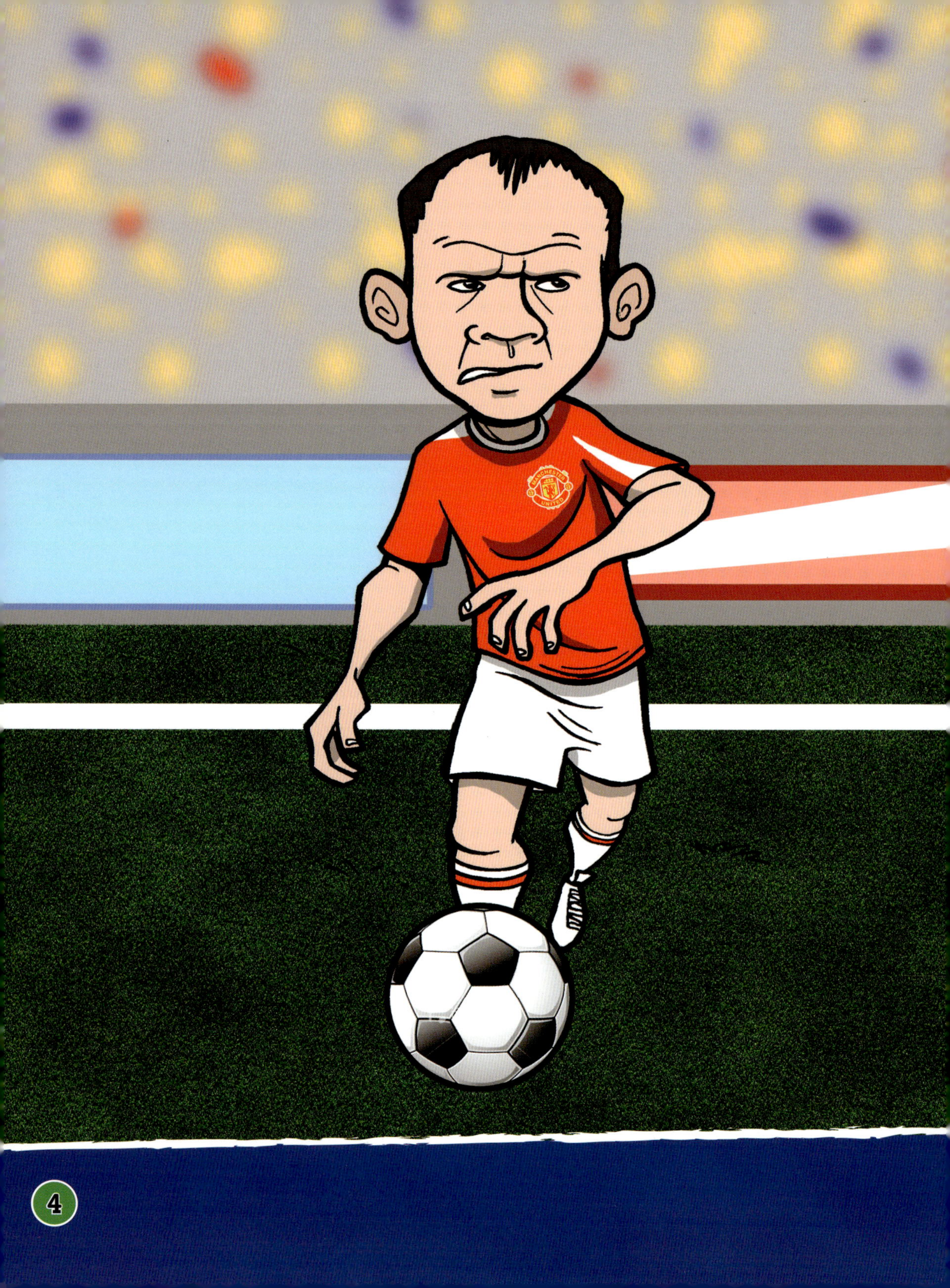

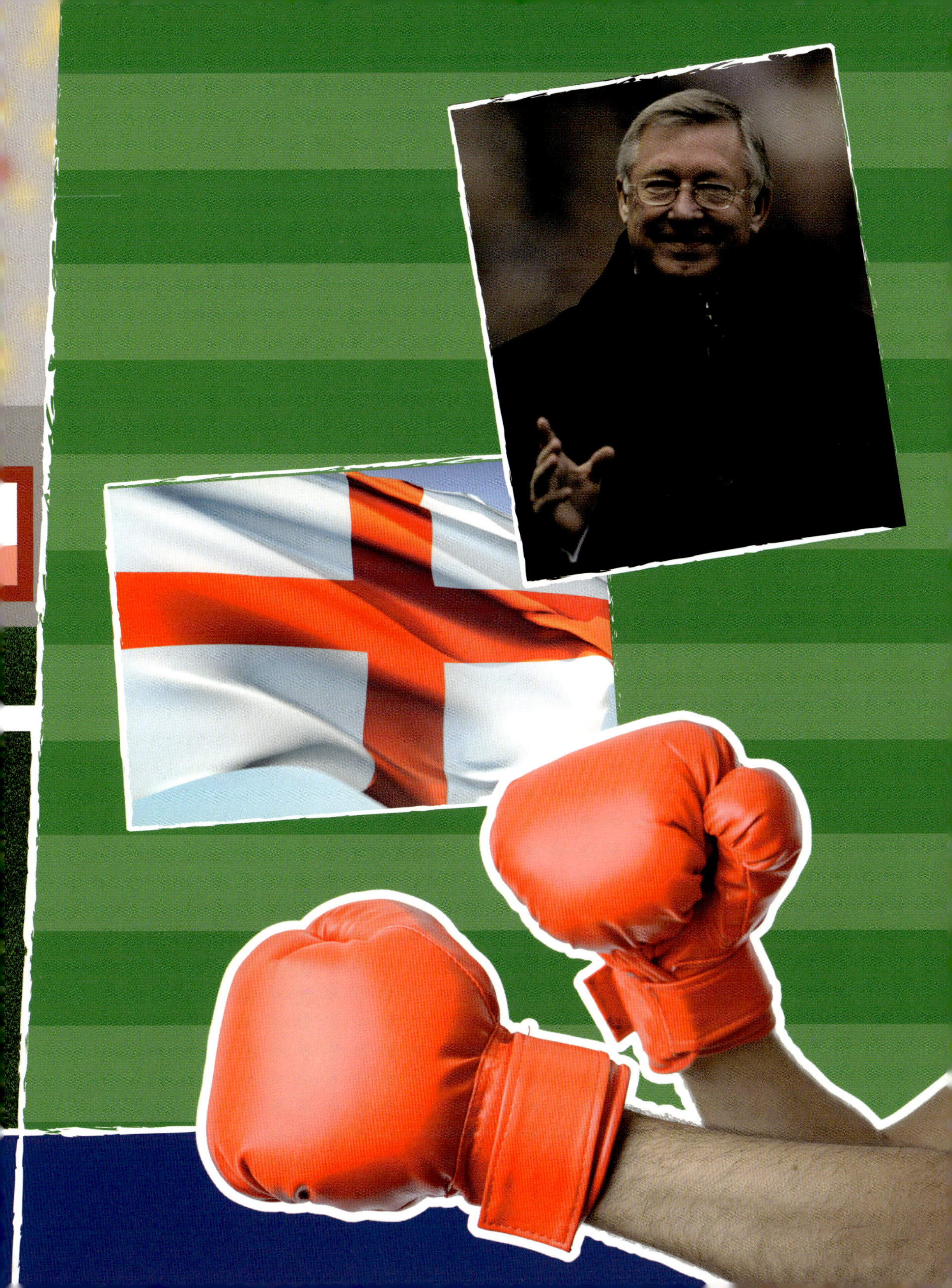

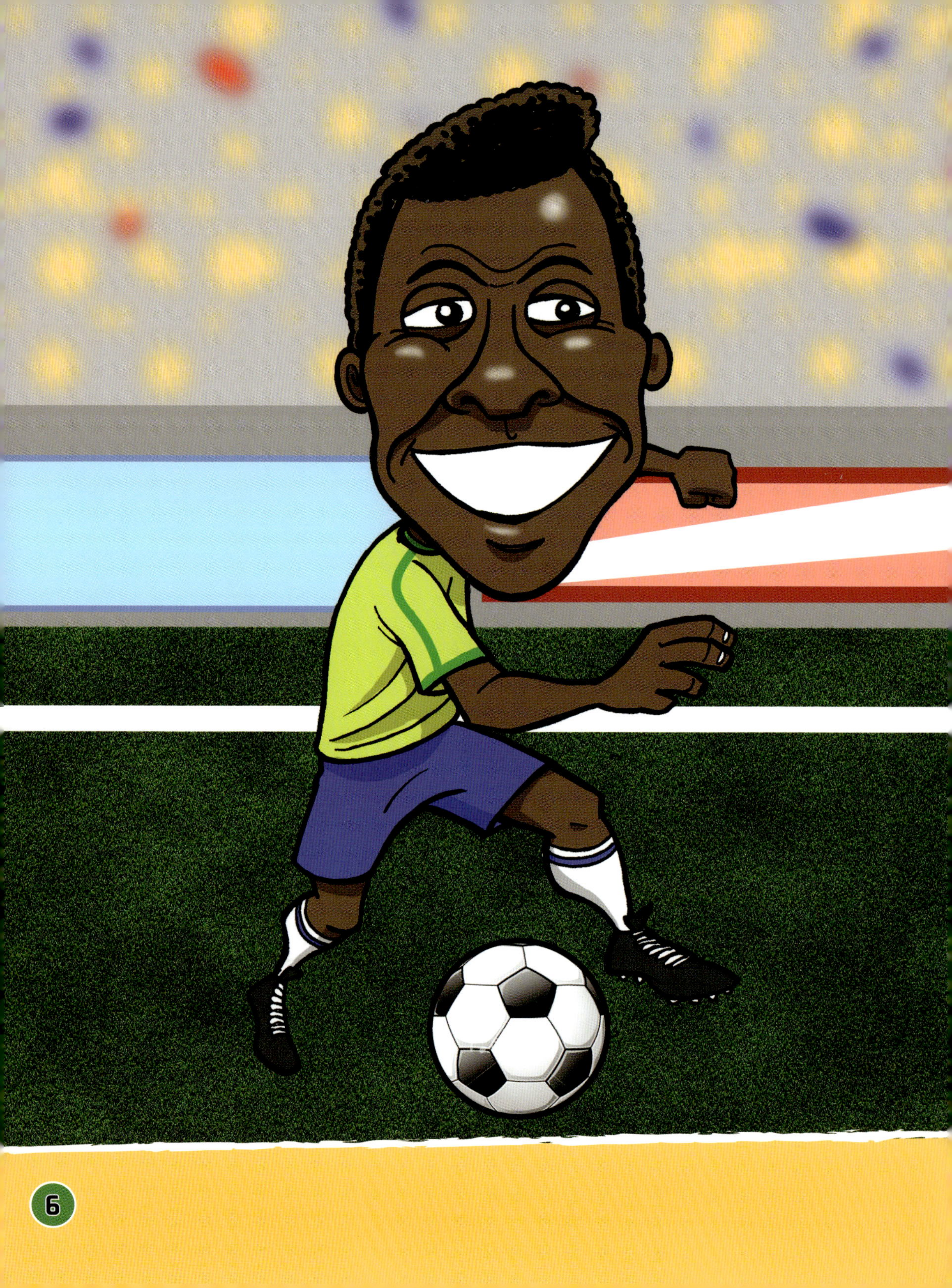

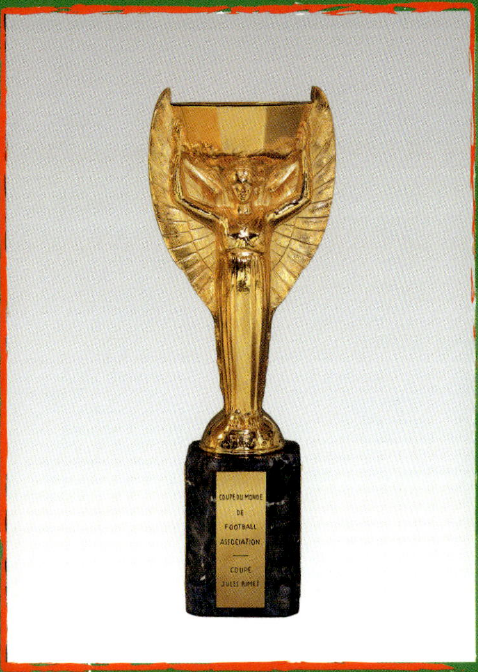
COUPE DU MONDE
DE
FOOTBALL
ASSOCIATION
COUPE
JULES RIMET

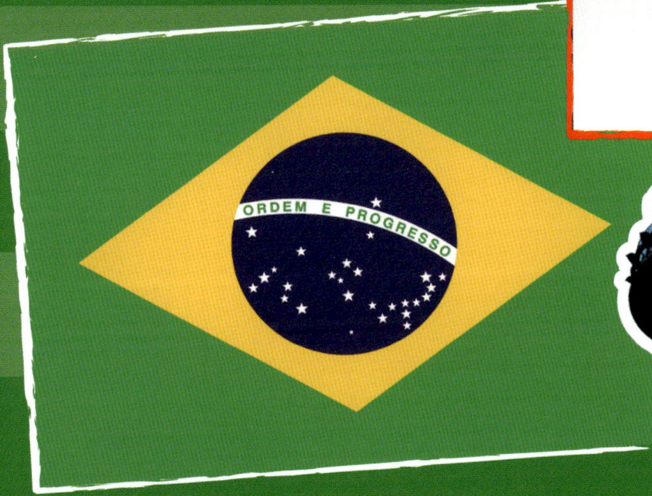
ORDEM E PROGRESSO

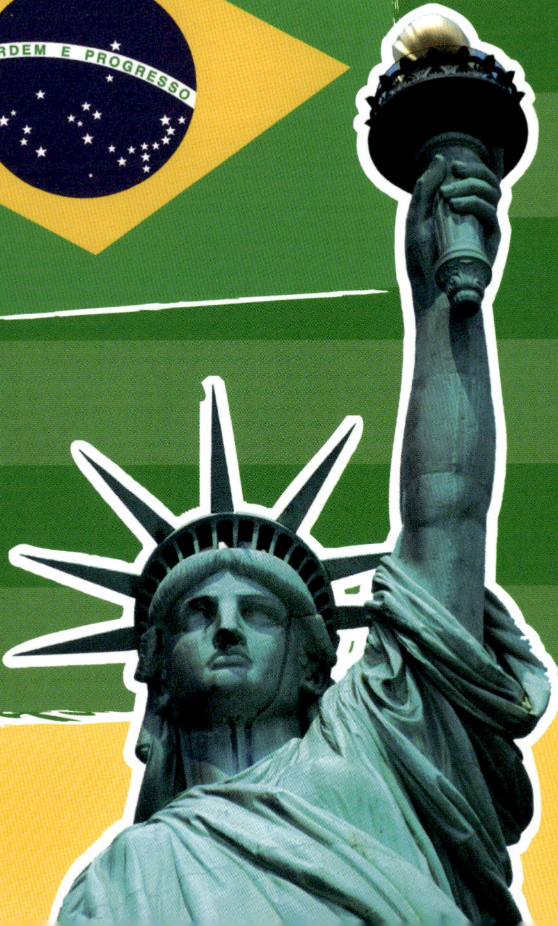

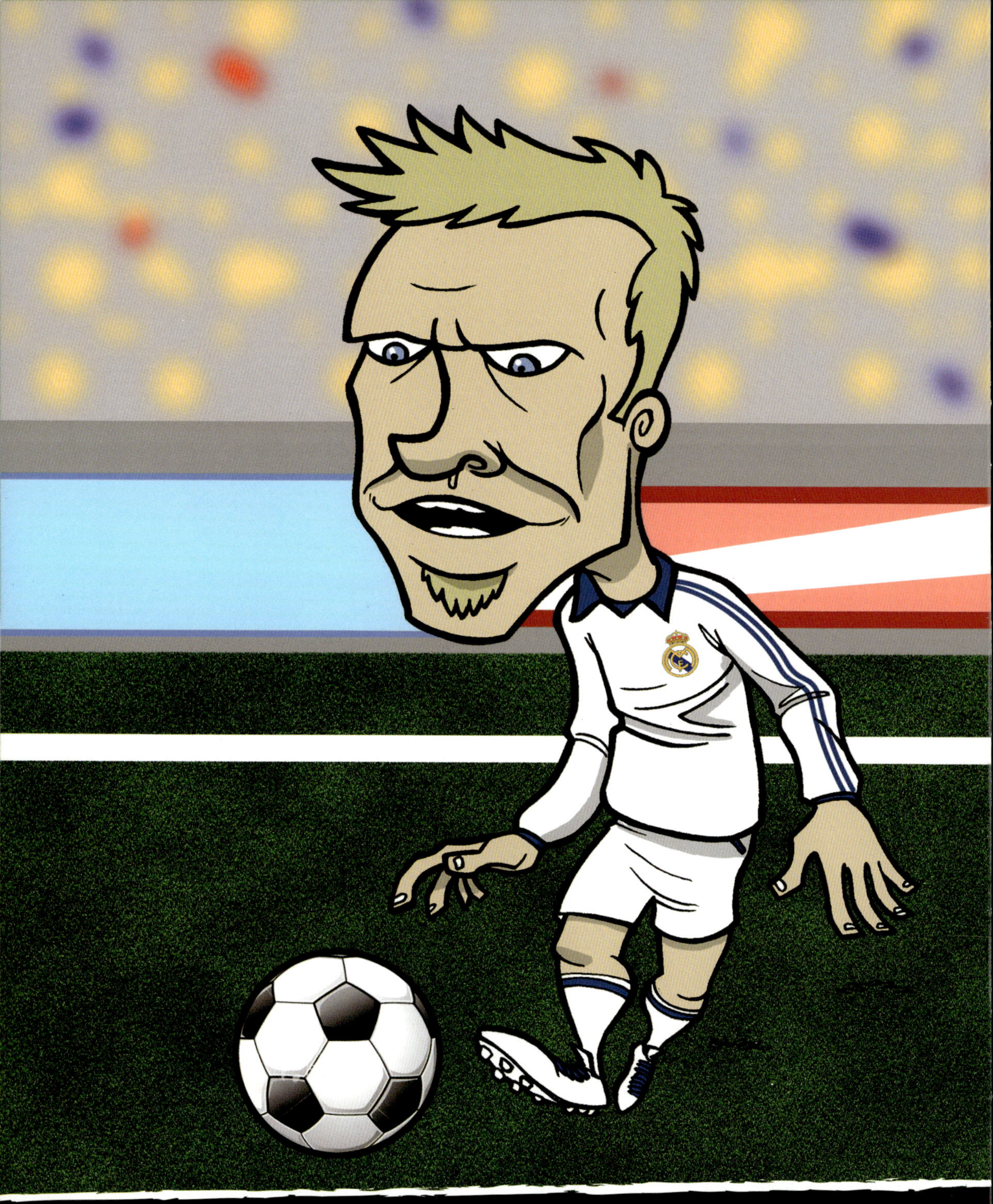

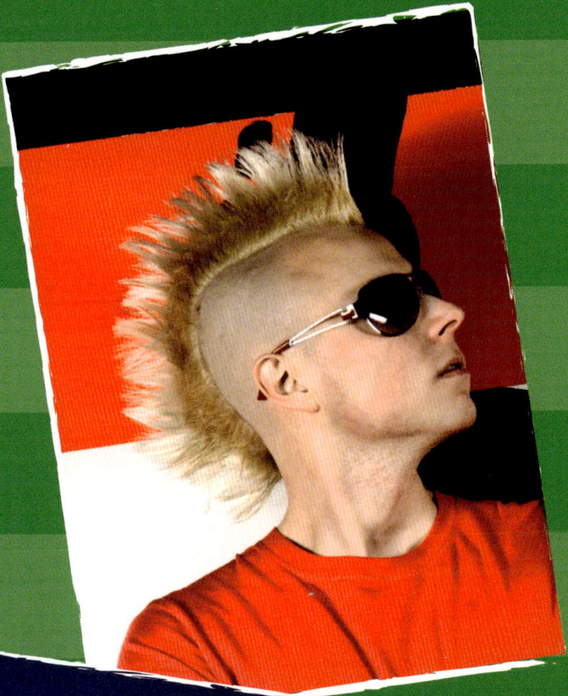

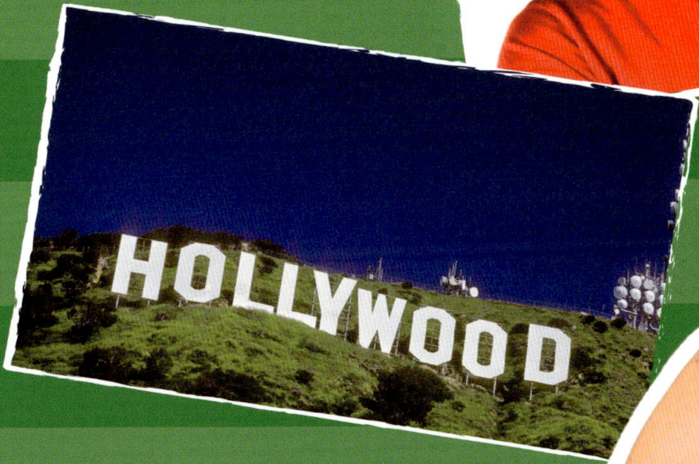
HOLLYWOOD

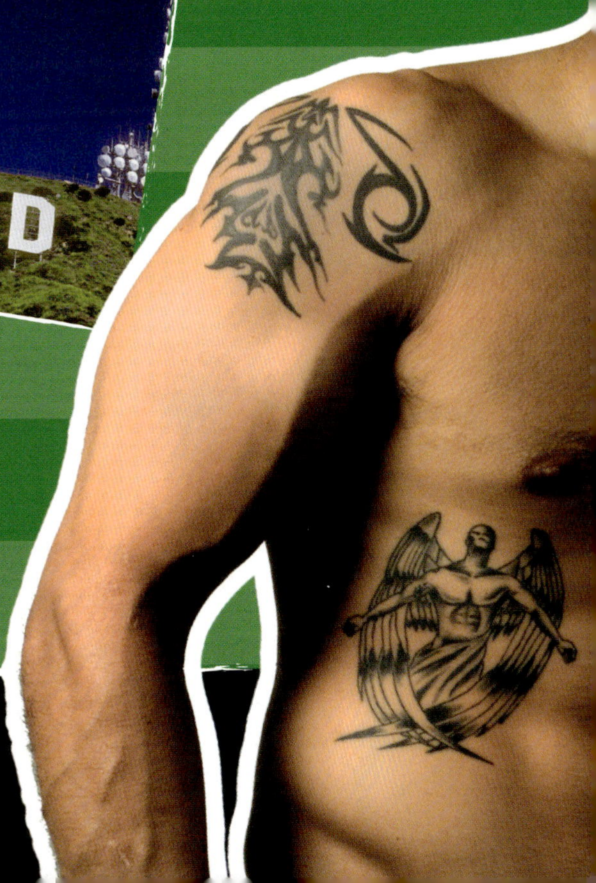

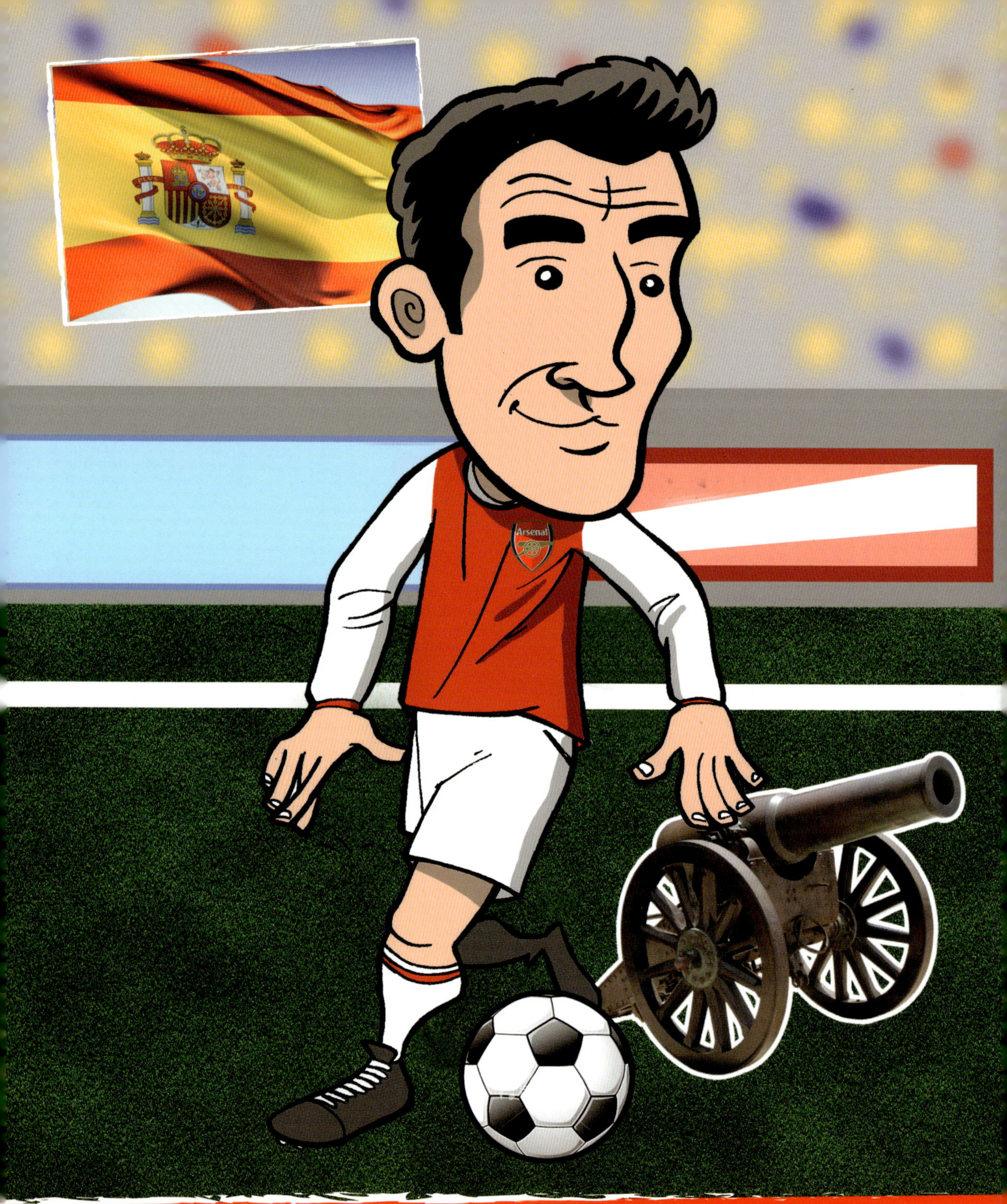
Arsenal